GW00758810

Taoki fait la cuisine

Corinne Albaut

Illustrations d'Aurélien Heckler

istra

Table des matières

De drôles d'ingrédients

Aujourd'hui, Taoki prépare une pâtisserie de chez lui pour Hugo et Lili : un balibaba. Lili et Hugo sont ravis !

« – Un balibaba !
C'est une purée ? une soupe ?
un biscuit ?
– Non, c'est une pâtisserie
de chez moi, ma préférée ! »

Taoki a mis sur la table tous
les ingrédients : de la farine,
de l'huile, des bananes et
des pommes. Il y a aussi
des trucs bizarres qu'il a
rapportés de chez lui…
Une sorte de mousse jaune,
le taticho.
Un long machin gris,
le couloulou.

Les ustensiles

Taoki sort tous les ustensiles indispensables.
Et il y en a énormément !
Un bol, un moule, une louche, une tasse...

Il sort un moule rond
et il allume le four pour
qu'il soit bien chaud.

Un dragon gourmand

Lili coupe les bananes.

Taoki adore les bananes.

Hop ! une bouchée !

Hop ! une autre bouchée !

« Stop ! Il n'y en a plus assez ! »

Hugo coupe les pommes.

Taoki adore les pommes.

Hop ! un petit bout !

Hop ! encore un petit bout !

« Stop ! Tu dévores tout ! »

Le cuistot volant

Les bananes et les pommes sont prêtes, mais Taoki est encore très occupé !

Il vole dans la salle, d'un côté
à l'autre, du bol au four,
du moule à la table...
Il lave, il épluche, il secoue,
il remue, il enfourne, il goûte,
il lèche...

Taoki râpe le couloulou
pour le réduire en poudre.
Il recouvre la pâte avec
le taticho.

Il souffle sur la farine et...
aaaahhh... aahhh... atchoum !
La farine vole partout !
Taoki devient tout pâle,
comme un fantôme !

Des amis ébahis

Lili et Hugo sont surpris
de voir Taoki courir dans tous
les sens.
Dès que Taoki tourne le dos,
Lili goûte un bout de couloulou.
« Gloups ! »

Hugo tente d'attraper
du taticho.
« Drôle de goût ! »

Mais quand tout est remué
ensemble, le balibaba sent
très bon !
Et quand il cuit dans le four…
le balibaba gonfle, gonfle,
gonfle, comme un énorme
ballon !
« Ce n'est pas un balibaba,
c'est un ballon-baba ! »
dit Hugo en riant.

Ding ! Le four sonne,
la cuisson est finie.
Taoki tremble un peu :
son balibaba sera-t-il réussi ?
Mais oui ! Le balibaba est bien
gonflé, il est tout chaud et
il donne envie !

C'est le moment du repas !
Taoki a installé une table toute
colorée avec une jolie nappe
et des ballons.
Les amis goûtent le balibaba
et sont ravis. Ils adorent !
Bravo Taoki ! Tu es l'as des as
de la pâtisserie !

Édition : Élise Labry
Création de la maquette : Estelle Chandelier
Mise en pages : Typo-Virgule
Colorisation des illustrations : Aurélie Renard
Fabrication : Marc Chalmin

PAPIER À BASE DE
FIBRES CERTIFIÉES

⊞ hachette s'engage pour
l'environnement en réduisant
l'empreinte carbone de ses livres.
Celle de cet exemplaire est de :
151 g éq. CO₂
Rendez-vous sur
www.hachette-durable.fr

ISBN : 978-2-01-394794-7
© Hachette Livre 2018, 58, rue Jean Bleuzen – CS 70007 – 92178 Vanves Cedex
Tous droits de traduction, de reproduction et d'adaptation réservés pour tous pays.

Imprimé en France par l'imprimerie Pollina - 83883
Dépôt légal : Février 2018
Collection n° 39 – Édition n° 01
19/9818/3